ISBN 9798780727583

Autore ALESSANDRO CHIODO

Titolo RINNOVAMENTO dello spirito nelle arti, svolgimento primo
prima edizione: dicembre 2021

In copertina: opera di Alessandro Chiodo
© VG Bild-Kunst, Bonn, 2021

Tutti i diritti riservati. È assolutamente vietata la riproduzione totale o parziale di questo libro, così come l'inserimento in circuiti informatici, la trasmissione sotto qualsiasi forma o con qualsiasi mezzo elettronico, meccanico o altro, mediante fotocopie, registrazione o altri metodi, senza l'autorizzazione scritta dei titolari dei diritti d'autore (titolari del copyright).

ALESSANDRO CHIODO

RINNOVAMENTO
dello spirito nelle arti

svolgimento primo

Pondera Verborum
ANNO MMXXI

RINNOVAMENTO
dello spirito nelle arti

svolgimento primo

Gn 1,26-28

[26] E Dio disse: "Facciamo l'uomo a nostra immagine, a nostra somiglianza, e domini sui pesci del mare e sugli uccelli del cielo, sul bestiame, su tutte le bestie selvatiche e su tutti i rettili che strisciano sulla terra".

[27] Dio creò l'uomo a sua immagine; a immagine di Dio lo creò;
maschio e femmina li creò.

[28] Dio li benedisse e disse loro:
"Siate fecondi e moltiplicatevi,
riempite la terra;
soggiogatela e dominate
sui pesci del mare
e sugli uccelli del cielo
e su ogni essere vivente,
che striscia sulla terra".

Le inquietudini, le aspirazioni, i pensieri e le azioni (così come tutto ciò che riguarda l'umano), non hanno, nell'attuale contingenza storico-culturale, un valore che sia precipuo, essenziale, fondamentale. Intendendo, con questo, che la scaturigine profonda – la sorgente, il principio – delle necessità vitali alla completezza dell'essere umano, non è manifesta nel costrutto sociale della nostra epoca; questa fonte vitale è celata.
Un ingorgo di presunzione, di avidità, d'invidia e di altre manifestazioni biologiche, psicologiche e psicosomatiche, intasa la via (già acciaccata e malmessa) del pensiero. Un rinnovamento dello spirito è, in tutte le sue attinenze all'essere umano, necessario. È l'essere umano stesso, però, ad aver costruito e a costruire ancora le trappole in cui è caduto, cade e, ancora, cadrà; avendo, questi, perduto la genuina, spontanea ammirazione per ciò che è – nel nostro sentire fisico e oltrefisico – degno di approvazione e lode.
Per negare dignità a ciò che spontaneamente è (ancora) percepito come amabile, legittimo, onesto e retto, l'essere umano ha costruito intorno a sé un complicato, quanto fittizio, fasullo e meschino edificio di finzione in cui è rimasto imprigionato lui stesso, non conoscendo più via d'uscita alcuna. La chiave più non cerca; e lui, cercarla né trovarla più saprebbe, essendosi smarrito nel suo stesso ego cresciuto fuori di proporzione alla realtà sua medesima e avendo se stesso sottoposto al dominio di troppo schiaccianti premesse cui non corrispondono né la sua profonda

volontà né la sua potenzialità effettiva; ha fatto mercimonio di sé.

Guardando se stesso nella distorta rappresentazione riversa nel suo animo – nella sua percezione – con gli occhi colmi di idee confuse, aneliti erranti e aspirazioni fasulle, l'essere umano scalpita, si dimena furioso e non trova riposo mai che lo affranchi da se stesso. Non confesso a se stesso, nel suo pallore, nelle sue ormai stinte facoltà, putre e disagiato, lentamente si consuma in una miosi le cui conseguenze volgono alla belligeranza.

Odio. Invidia, odio e avversione feroce, in lui – unico elemento fermo in un cosmo che è movimento continuo e irrefrenabile –, si accrescono quale peculiare segno di un viluppo ormai giunto a tale massa di ostinazione ottusa, da rappresentargli come veritiera la visione di sé nei gradi e nelle condizioni di muovere a guerra contro l'intero esistere dell'universo che qui, per meglio intendere, chiameremo piuttosto cosmo (nella sua accezione di un tutto armonico e ordinato).

Unico, questo figlio dell'insipienza – e, pur se duro a crederci, figlio anche dell'amore – ingaggia con se stesso, e recluta se stesso, in un'impresa folle che lo induce ad annientare se medesimo come nel suo così nell'altrui corpo; come nel suo così nell'altrui spirito.

Assiduo a contemplare, nell'aberrante oscurità della sua mente, il riflesso sgarbato di sé e non, invece, la struggente saggezza del moto cosmico che tutto a sé induce e riduce e che tutto da sé nel vortice rilancia, l'essere umano non esita, nella sua follia – lui, *idioto* – a incedere a grandi passi nella melma della violenza più bruta e cieca: la guerra. Assiduo al culto di sé più che all'indagine dell'universo, che è luogo incommensurabile di stupore e meraviglia dove lui (noi, quindi, tu ed io), bipede brancolante, altro non è se non lo sputo di un vento cosmico su un po' di atomi. Suo unico ridosso, la sua stoltezza repentina; scevra, questa, di perspicacia alcuna, e da innestarsi nell'ovulo del pistillo policarpellare che è corona dell'insipienza, regina questa della morte, e che offre negli ovari suoi così tanti ovuli alla fecondazione quanti sono i seguaci dell'odio, dell'invidia e dell'oscurantismo.

Un Thanatos votato all'estinzione di sé, è l'essere umano nella sua condizione più esacerbata e sdrucita. Thanatos lotta contro ciò che di più profondo è insito nel cosmo: l'amore per la vita. Thanatos, ridotto prigioniero delle sue ambizioni sbagliate, non conosce altro impulso che quello di annientamento. Liso e logoro è, ora, il suo manto; fragile e debilitato, è Thanatos, l'impulso mortifero, e una morte più grande di quella sua propria lo attende, al principio dell'universo.

Non potrà trionfare, Thanatos; sorgiva è, infatti, la luce dell'amore universale da cui tutto sorge e in cui tutto risorge.

Niente è perduto; tutto, però, muta, si trasforma; continua, ciò nonostante, a esserci ma non propriamente a 'esistere'. Difatti, l'esistere (l'essere nella realtà), l'esistenza così come la intendiamo noi con riferimento al nostro permanere per un certo periodo nella condizione di esistenti nella realtà a noi nota, è altra cosa: dal latino *exsistĕre*, composto di *ex-* e *sistĕre* 'stare, fermarsi'; in questo termine, inteso nel senso di 'venir fuori' o 'uscire' dalla terra e prendere forma, evidenza (apparire), si nota una vicinanza con il primo capitolo del Libro della Genesi.

L'esistere storico (l'esistenza 'nella' storia), privato della riflessione – speculazione, ma anche visione e intuizione – metafisica, è in contrapposizione con il moto dell'universo il quale presuppone che nulla sia/stia fermo: il nostro esistere, se osservato da un punto di vista esclusivamente materialistico e storico, è, appunto, uno 'stare fermi' e non potrebbe essere altro, perché sarebbe il punto di partenza a essere errato: come si può creare movimento provenendo, ponendo fuori o cacciando via l'assenza di movimento, quel *sistĕre*, da se stessa? Mi sembra evidente che il campo visivo del pensiero vada aumentato di volume, ampliato nello spazio e approfondito nella prospettiva. Ciò nonostante, senza significare (assegnargli un significato) quel prefisso latino 'ex', e senza attribuirgli una valenza più consona alle capacità intellettive (intellettuali, speculative) di cui noi esseri umani siamo dotati, difficilmente riusciremo a intendere il concetto e l'importanza della nostra esistenza con riguardo al cosmo, all'universo intero; questo, da solo, non sarebbe comunque sufficiente. È, infatti, necessario, come sopra accennato, uno sguardo che non sia esclusivamente materialistico né storico; né sarebbero sufficienti entrambi gli sguardi congiunti. A ben vedere, però, anche il nostro esistere, pur se inteso come una fuoriuscita temporanea dal tutto cosmico e come un entrare nella realtà storica, ha in sé un movimento evidente: quello, appunto, proprio della storia, che esula, a mio intendere, da quello cosmico almeno in gran parte. La storia è la narrazione dell'esistenza temporale: ciò che nasce nella storia (e, quindi, sta o resta per un periodo), non si muove; ha in sé, forse suo malgrado, un movimento, seppure sia questo d'altra natura: il venire a maturazione per poi decomporsi; altrimenti detto, anche questo rientra nel campo dello sviluppo. Più che un movimento, avviene una trasformazione. Per molti, questa trasformazione, questo passaggio delle nature organiche e viventi da una condizione all'altra, designa sia il tempo sia il suo scorrere, il suo 'passare', quell'andare cioè da una dimensione presente verso una che è passata, che non è più. Identifichiamo, quindi, e secondo me erroneamente, la storia con il movimento. La storia, però, è più simile a un fossile, o a una sinopia, di quanto lo sia al movimento, al dinamismo dell'universo inteso quale organismo vivente non deperibile. Un frutto non è tale, per noi, e non esiste, prima che si sia palesato, evidenziato nella forma che noi gli abbiamo attribuito affinché possa essere definito frutto. A ben vedere, però, il frutto 'è' dal momento in cui il polline feconda l'ovulo in un pistillo e si forma il seme (se non già, in potenza, da prima ancora). Questo frutto, quindi, nel suo esistere, venire fuori, mostrarsi organico e materiale, non è in movimento bensì, e unicamente, in trasformazione o, anche, metamorfosi da uno stato (apparente) a un altro stato (pure apparente); la sua condizione, però, non muta: nella sua forma da noi identificabile è privo sia di eternità sia di dinamismo. Il deperire o il mutar di forma e di stato non possono essere considerati alla stregua del movimento e del dinamismo cosmici. Oltretutto: il frutto in questione 'esiste' esclusivamente nella storia; fuori di questa, non ha esistenza.

Il prefisso latino 'ex' significa, secondo i casi, una provenienza: ex = da; quindi, un venire o stare 'fuori': ex = fuori; oppure, un allontanare, un cacciare, un mandar via: ex = via. Che cosa ci chiarisce, però, quanto qui esposto? Niente! Perché la lingua – il linguaggio, la parola scritta o parlata – è, sì, strumento necessario e, probabilmente, imprescindibile, al pensiero e alla 'realtà' di tutte le cose – siano, queste, visibili e percepibili o no; così come quelle ipotizzabili e avvertibili, intuibili, però non dimostrabili –, al contempo, però, il linguaggio è strumento ancora incerto, vacillante, capace di indurre al fraintendimento oppure, di possedere più significati in un termine o in una espressione sola così da indurre alla confusione le idee e i princìpi più rigorosi.

L'esistere, potremmo considerarlo un venire fuori dalla condizione di permanenza/persistenza (limitata temporalmente) cui l'essere umano "storico" è soggetto; eppure, è proprio la permanenza/persistenza storica a garantire una certa intelligibilità all'esistenza umana nel suo dato più materiale.

L'esistere, potremmo intenderlo come un mandare via (cacciare via) l'elemento statico, quel *sistĕre* che designa il fermarsi, lo "stare" e comprenderlo, quindi, nelle sue accezioni di allontanamento della e dalla condizione d'immobilità; in questo caso, però, ci allontaneremmo dalle condizioni di vita dell'umano storico, perché tutto ciò che è storia, "sta" fermo... togliendo l'umano in carne e ossa dal suo ambiente storico, ponendolo fuori della storia, lo uccideremmo, lo annienteremmo anche nella sola ipotesi di una sua esistenza; l'essere umano, così com'è, come noi siamo e ci conosciamo, non può esistere fuori della storia; lo potrebbe, ma solo ammettendo che la realtà storica fosse una realtà di transito e non vincolante la realtà umana più autentica. Realtà, questa, che è a noi, se osservata alla sola luce dei criteri storico-scientifici, celata... e potremmo procedere a lungo, ipotesi su ipotesi, esempio dopo esempio, nell'indagine di tutti i possibili significati, e delle possibili associazioni, del termine esistere; tutto ciò, però, non reca profitto al nostro discorso.

Prima di proseguire, vediamo brevemente l'etimologia del termine 'storia', potrà esserci utile per una maggiore comprensione del mio (tentativo di) assunto: dal latino *historia*, dal greco ἱστορία (propriamente significa ricerca, indagine, cognizione); deriva da una radice indoeuropea da cui il greco οἶδα ossia 'sapere' e ἴστωρ 'colui che sa', così come il latino *vid-* da cui *vĭdēre* 'vedere'.
Da quanto sopra, la storia è indagine (un 'vedere' e un 'sapere') di ciò che l'essere umano, nel susseguirsi delle generazioni, ha compiuto; per solito, la storia cerca di concentrarsi (o limitarsi) a quegli aspetti considerati più rilevanti o per il progresso dell'umanità verso

condizioni di vita migliori, o per quegli accadimenti e le loro cause e concause che questo progredire hanno temporaneamente bloccato o accelerato. In alcuni casi, la storia si occupa anche di faccende considerate minori che sono ritenute utili qualora si voglia dirimere un qualche problema di carattere, per esempio, sociale o politico su scala locale o più vasta, così come qualsiasi altra diatriba o dilemma si ponga riguardo all'agire umano. Questo 'vedere', o prendere atto, da parte della storia in riguardo agli avvenimenti umani, non deve essere sopravvalutato; si tratta, certamente, di un processo cognitivo (sapere) e investigativo (vedere), però a corto raggio. Intendo dire che l'indagine storica non esce dalla fisica materiale e dalla fisica del pensiero che guida le azioni; non si rivolge mai a ciò che è 'oltrefisico' e che determina le ragioni dell'universo. Anche la combinazione della storia con l'archeologia e la geologia convogliate nelle scienze astrofisiche che hanno come argomento di studio lo spazio (inteso come universo), seppure più lungimirante, si limita a vedere e a raccogliere conoscenze su ciò che un asteroide, per esempio, può aver sperimentato prima di giungere a noi o prima di subire una o più trasformazioni. Seppure in questo caso lo sguardo si sia spinto oltre, restiamo pur sempre nel campo delle verifiche materiali e tangibili. Personalmente, sono convinto che queste ricerche, se ben intese e appoggiate da una preparazione sia nell'ambito delle scienze naturali sia in quelle filosofiche, siano di grande importanza nel procedere alla comprensione della natura umana e del suo significato nel cosmo. In assenza di conoscenze e sensibilità filosofiche e speculative, scopriamo certamente qualcosa di più sul funzionamento dell'universo ma lo facciamo seguendo il principio sbagliato, cioè quello temporale e storico. La 'verità' o 'realtà' delle ragioni universali 'sta' o 'è' fuori del tempo, presumo io. Così procedendo, noi, probabilmente, sbagliamo dimensione. L'ambito storico è sempre pro tempore, separato, quindi, dalla dimensione universale che è, diversamente, una dimensione eterna (misurabile né dalla storia né dal tempo storico) che non ha principio né fine ma che, soprattutto, è atemporale: cioè non varia secondo il tempo; priva di una scansione temporale che possa determinarla. La storia ha necessità di termini. L'eternità è, oltre che atemporale, astorica; non ha, pertanto, appigli terminanti, così come non ha 'pietre miliari' idonee alla scansione storica di periodi interni al tutto. Oltretutto, la storia non è soggetta a *giudizio determinante* alcuno, così come non è soggetta ad alcun *giudizio riflettente* (vedi la qualità dei giudizi 'determinante' e 'riflettente' in Immanuel Kant e nella filosofia che ne consegue o intorno a quella orbitante).

È mio intendimento che noi, fin quando non prenderemo in considerazione la possibilità 'oltrefisica', quindi quella possibilità che guarda (indaga e conosce) oltre i dati fisici ma anche oltre quelli teologici (siano questi promossi da un giudizio determinante o riflettente) e che sia da questi svincolata, mai potremo addentrarci nel 'vero' luogo dell'esistenza, per quanto oscuro e nebuloso questo possa apparirci. Quando io scrivo: 'oltrefisico', e non 'metafisico' (uso appositamente il termine, inusuale, 'oltrefisico' per suggerire una diversità di concetto, pur nell'uguaglianza di fondo, rispetto al significato di metafisica μετὰ τὰ φυσικά in Aristotele), non intendo mettere in rilievo la possibilità di una realtà separata da quella nostra in senso proprio. Desidero non essere frainteso, su questo punto così importante. Tutto lo scherzetto da giocoliere – direi da intrattenitore, quasi da imbonitore – da me qui sopra proposto sulla parola 'esistere', sul tempo e sulla storia, aveva e continua ad avere e a perseguire principalmente uno scopo: quello di indurre il Lettore a prendere in considerazione i limiti delle nostre certezze. Limiti che non sono identificabili solo nelle nostre convinzioni sul piano scientifico – per cui noi in verità dell'universo poco o nulla sappiamo –, bensì nella totalità delle nostre convinzioni e dei nostri convincimenti, tra cui anche le speculazioni metafisiche. È necessario comprendere di non aver ancora compreso quasi nulla, per procedere sulla strada dell'intelligenza. Niente è/sta (persiste) più fermo, veramente immobile, di una convinzione che non abbia a conferma altro che la propria arroganza e ignoranza. Una convinzione che si sviluppi in una convenzione è una prerogativa – sembrerebbe proprio essere così – della 'storia', non certo dell'universo. Per nostra fortuna, l'universo non si lascia influenzare né modellare dalle nostre convinzioni-convenzioni; questo mio assunto è ben dimostrato dagli stessi fatti storici (non è un paradosso) in alcuni episodi di enorme importanza che sono, però, da considerarsi eccezioni e che mai rientrano nella norma: Galileo Galilei e

Giordano Bruno ne siano un esempio che valga qui per tutti e non occorre che io mi dilunghi in delucidazioni, presumendo che il mio Lettore conosca, almeno negli aspetti essenziali, le vicende di questi due illustri personaggi; in caso contrario, al Lettore volenteroso basterà consultare un apparato enciclopedico qualsiasi.

È l'essere umano a informarsi alla fonte dell'universo e non quest'ultimo a lasciarsi informare dalle presunzioni e dai limiti degli esseri umani. L'errore, che pure è la norma, non ha in potenza la facoltà di fermare il concetto primo e ultimo (a noi noto solo alla lente metafisica o a quella religiosa) dell'universo che vuole mostrarsi a noi sempre più come cosmo. L'essere umano, nelle sue eccezioni, porterà sempre avanti questo concetto-progetto universale di cui sarà parte integrante così come partecipante attivo e promotore, intendendo con questa ridondanza che non sarà "indifferente socio" delle dinamiche universali.

Una conciliazione tra la storia e il senso primo e ultimo dell'universo è data in alcuni casi dalle religioni, per esempio quella di matrice ebraico-cristiana (e tutto ciò che da questa è conseguito, diramazioni e nuove confessioni).

Stupore. L'artista, così come gli esseri umani tutti, dovrebbe riscoprire la meraviglia dell'incanto, lo stupore dinanzi alla dimensione, vastissima quando non addirittura infinita, del cosmo. Guardare al cosmo non significa necessariamente alzare il naso verso il cielo a mirar le stelle. Ovunque lo sguardo si posi e il pensie-

ro si adagi, lì è cosmo. La matrice profonda della creazione, però, si trova in noi; è nella profondità della mente (intesa anche come cuore) il "luogo" dov'è custodito il segreto della creazione. L'essere umano stesso è sia il mistero della creazione sia il luogo, dove questo è custodito. Da custode inconsapevole, l'essere umano può assurgere a essere custode cosciente e da custode cosciente può pervenire al mistero vivente e manifestare in sé e fuori di sé, cosciente, il luogo della creazione.
L'artista, dunque, deve attingere alle fonti più riposte; sorgenti, queste, che sono custodite nel suo stesso essere "luogo d'esistenza". È il Logos, dunque, la matrice custodita nell'essere umano; matrice che, se manifesta, se coscientemente accolta e compresa, porta a compimento la ragion d'essere stessa dell'umano, mostrandolo nella sua condizione divina (che "è" fuori d'ogni condizione).
L'artista stesso (ma anche l'umano tutto), essendo il Logos, essendo, quindi, luogo dell'esistenza ed esistente lui stesso nel principio creatore che gli è matrice, ha in sé, in potenza, la facoltà di compiersi, di riconoscere la sua natura divina. Rifiutasse l'uomo questa sua natura, cadrebbe (come, di fatto, è accaduto e ripetutamente, nel gorgo-prigione della storia accade) nell'oblio di sé e ogni verità gli resterebbe celata nel luogo dell'immobilità temporale.
La storia è luogo d'immobilità; il passaggio, il collegamento tra questo luogo di morte e di cessazione di ogni dinamica universale, è da cercarsi e trovarsi nell'oltrefisico fino a noi giunto mediante i profeti e i

loro vaticini. L'annuncio e la venuta di Gesù Cristo pongono in essere una nuova, inedita e prima inconcepibile, dinamica nella storia. La storia, da luogo dell'immobilità, s'informa del progetto creazionale; s'informa delle dinamiche universali che da universo volgono a cosmo. Il Logos, quale artista primo e ultimo, scienziato primo e ultimo, crea; e come crea? lo fa attingendo all'unica fonte che ha a disposizione: se stesso. È l'artista tale? Cioè artefice? Allora deve lui pure, a sua immagine e somiglianza, attingere alla sua fonte: il Logos, sorgente che l'artista ha in sé e che con lui coincide. Riconoscendo se stesso, l'artista (così come qualsiasi essere umano) sarà partecipe delle dinamiche universali che preesistono alle cose tutte e che sono preesistenti a se stesse poiché emerse dalla scaturigine dell'unico luogo in cui la vita eterna è possibile. Nell'unico Luogo dove la vita ha luogo. Eppure, anche la storia – nella sua limitatezza e finitezza – offre, mediante la venuta di Cristo, che riaccese la fiamma del Logos nel profondo dell'umano, la possibilità di vita eterna, inestinguibile. L'artista, soprattutto il poeta – che si trova in una dimensione altra rispetto a tutti gli altri artefici, eppure, anche lui, artista essendo – può completare, con la sua opera, il progetto universale all'interno dei limiti (della finitezza) della storia; così facendo, il poeta (l'artista) proietta con sé l'umanità tutta nelle dinamiche universali che procedono verso l'ordinamento cosmico. L'universo si ordina, perché niente è nel caos e niente è fuori dell'ordine dinamico cui tutto, piuttosto, soggiace; anche la storia.

Stupore, dunque, quale scaturigine prima nel luogo dell'umano, affinché questi possa giungere a completezza compiendo così, oltre se stesso, il progetto universale; disegno che vede nel cosmo la realizzazione dell'eternità e la fine, inappellabile, della storia. Il tempo, infatti, (e con lui la storia) non è condizione necessaria alla vita; lo sono, invece, lo spazio e il movimento. Spazio e movimento, sostengono le dinamiche universali da cui la vita eterna sorge e si alimenta. La compiutezza dell'universo si avrà solo nel compimento del moto, del movimento eterno. Movimento e spazio (quali possibilità di luogo) sono, entrambi, generati dal Logos.
È lo stupore, la via che dall'interiorità dell'essere umano conduce all'essere umano stesso.
Stupendo, io riconosco la creazione, le sue dinamiche: lo spazio e il movimento.
Stupendo, io riconosco me stesso perché "a sua immagine e somiglianza".
Che cosa può voler significare, dunque, "a sua immagine e somiglianza"? Può significare come l'umano sia già il divino, però incosciente; se si riconosce, allora stupisce e, stupendo, si scopre (si riconosce): dunque, si rivela; si manifesta. Allora, anche l'arte è rivelazione e manifestazione, testimonianza (nel riconoscere) e preludio (nel profetizzare).
Stupendo, mi riconosco; discernendo me stesso, stupisco. Poiché ho visto me stesso, Dio, il Logos.

Vincendo la morte, Gesù ha trionfato sulla storia.

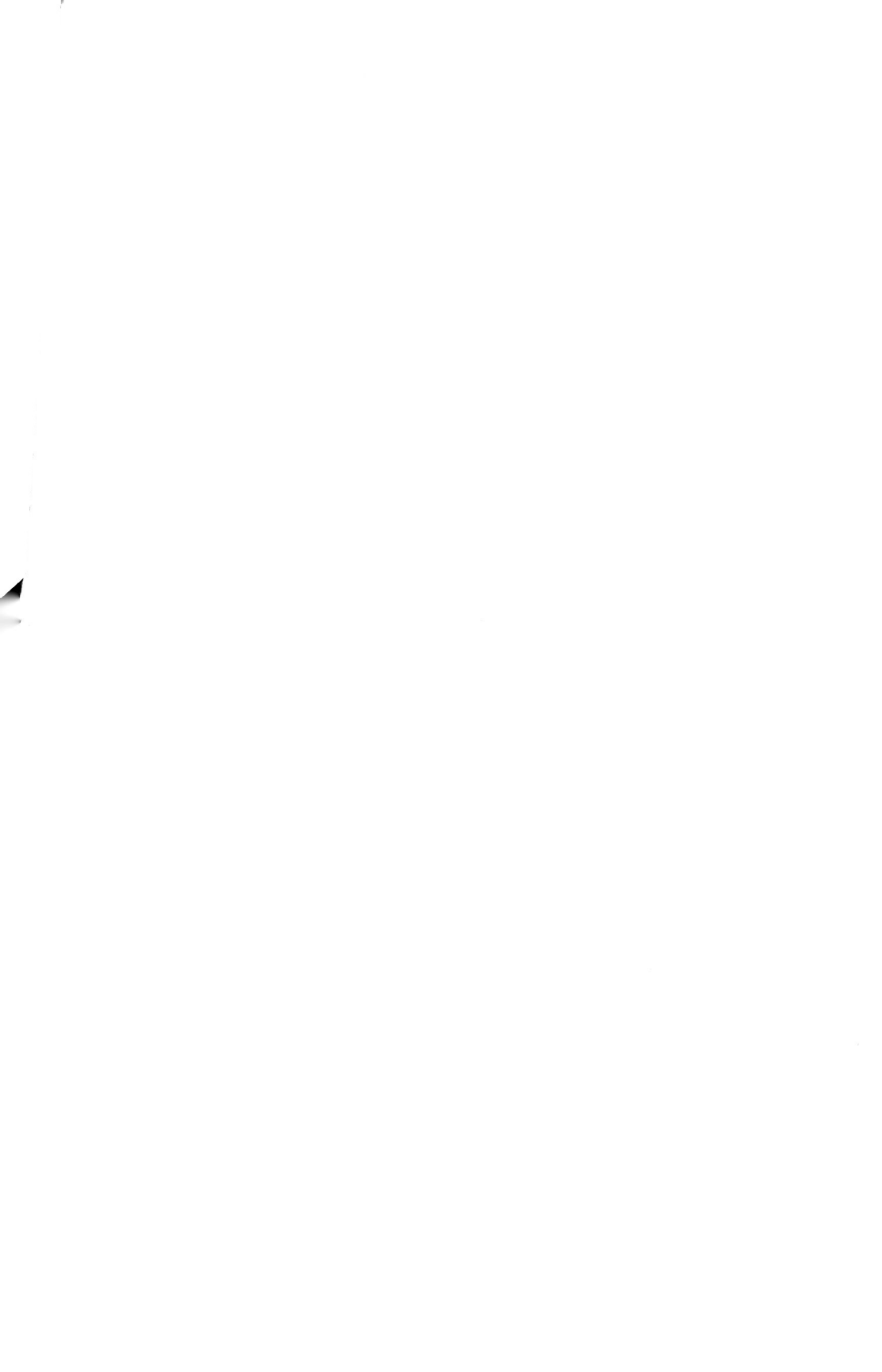

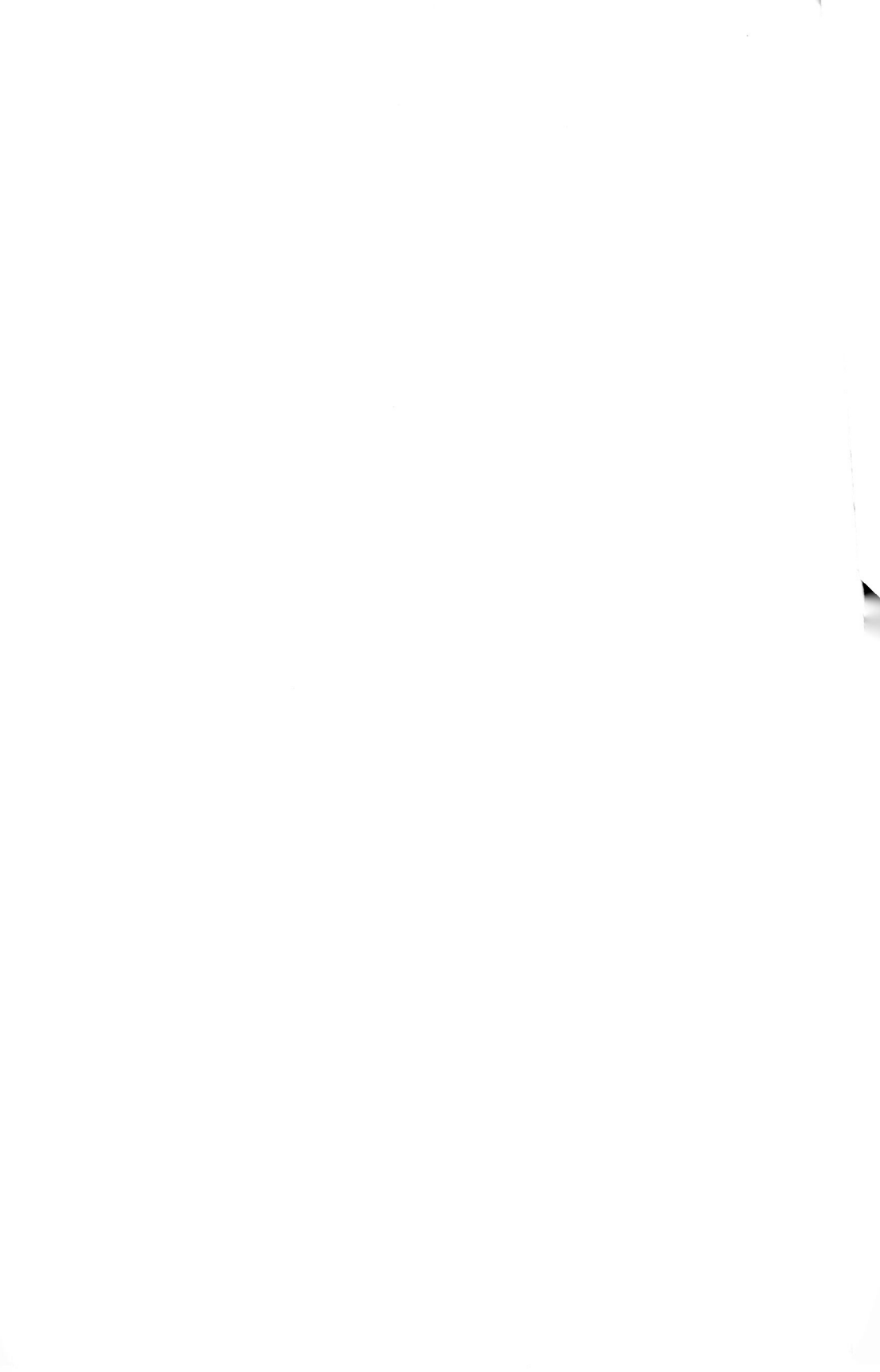

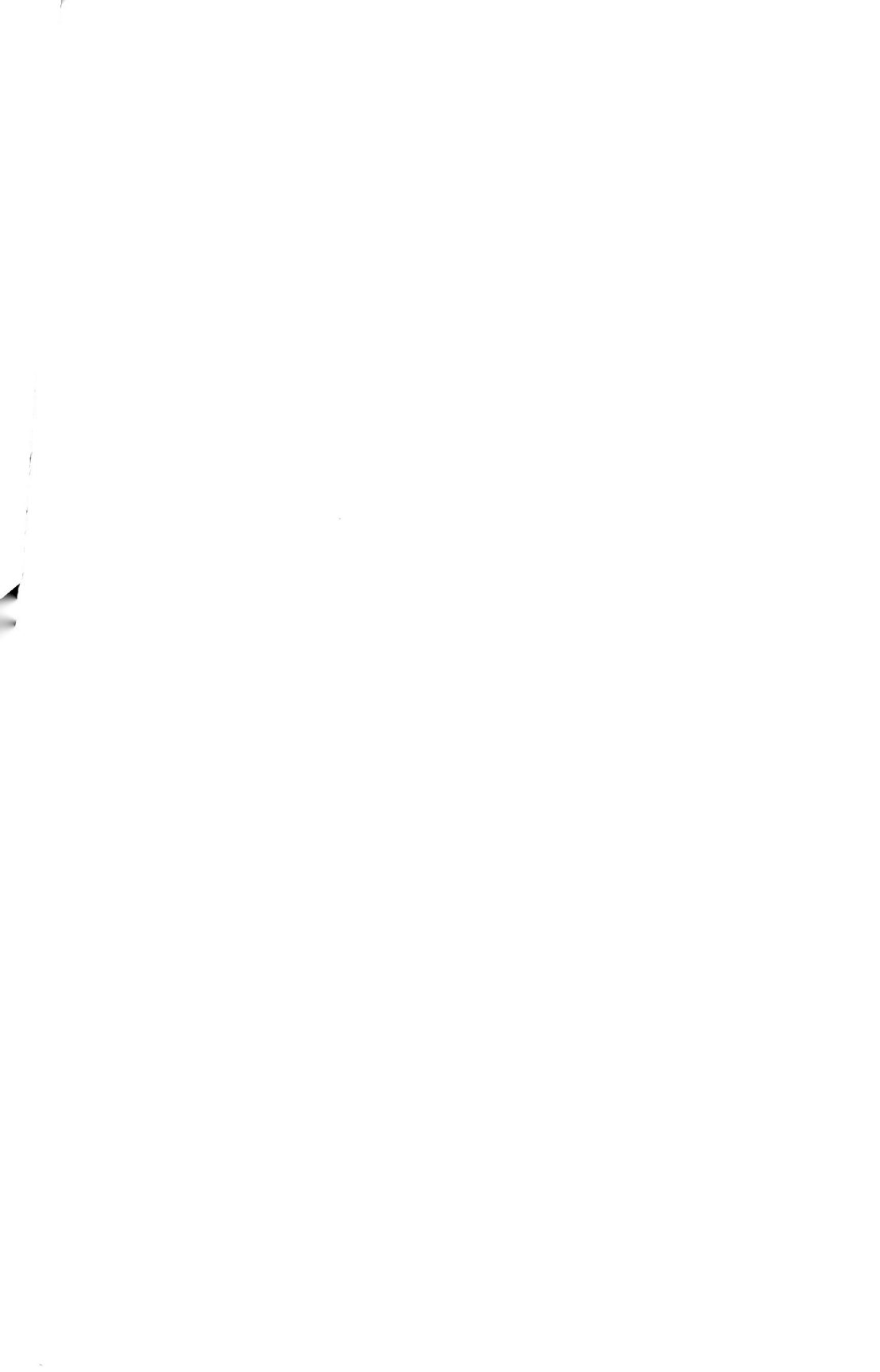

www.ingramcontent.com/pod-product-compliance
Lightning Source LLC
Chambersburg PA
CBHW031601210526
45464CB00003B/1380